Alix MARTY

Des lieux
comme des gens

A la maison de Paulhac, et pour toi A.

© 2025 Alix MARTY

Édition : BoD · Books on Demand, 31 avenue Saint-Rémy, 57600 Forbach, bod@bod.fr
Impression : Libri Plureos GmbH, Friedensallee 273, 22763 Hamburg (Allemagne)
ISBN : 978-2-3225-5627-4
Dépôt légal : Mars 2025

I.

une dernière fois par ton absence

où m'emmènes-tu
pour ce dernier voyage
que nous ne faisons pas ensemble ?
C'est pourtant bien toi qui me conduis
une dernière fois
par ton absence

comment ne pas entendre

les mots

contenus

dans le silence

le silence
comme l'écho de tes mots
de ma transe
solitaire
où je m'abîme
vague
silence flou
et apnée

et que dire
du vol de l'oiseau
à l'envers d'un ciel
lourd et blanc
l'ivresse vraie
d'un hier avant l'orage

reviens dit-elle
un flocon posé sur la lèvre
reviens
dans sa robe rouge
et la neige a rompu
le silence de l'autre

elle a dit à l'orage
arrête ta musique
en pointant son doigt
vers le toît lourd et tendu
des après-midi d'été
"arrête ta musique Orage".
oui, arrête

écho des mots
entre les pierres et le coeur
vibrent invisibles

la fin tonne
un orage d'été
voilà un champs rempli de tempête
laisser en jachère
et puis il faudra
semer à nouveau

II.

Quitter des lieux comme des gens

comment
fermer ta porte
une dernière fois

ça ne veut pas
se clore
quelque chose reste béant
je ne peux pas refermer

et toutes les nuits
la porte s'ouvre grand
et toutes les nuits
je brise la poignée
quand je tire la porte

c est une porte sauvage
qui s'ouvre le soir sur mes plaies
qui me dit
"regarde,
tu saignes encore"

vais je saigner toujours ?
comment puis je reparer ?

et quand vient le jour
le sang se tait
il reste là

dans le silence glacé de tes murs
à attendre l'obscurité
pour se remettre à couler

revenir
passer le portail
des émotions
de l'herbe fraîche
franchir le seuil
d'un ciel trop bas
regarder
embrasser tout
dans des bras trop grands
pour ce qui n'a pu se déployer

débris
des os
s'enlacent
et dansent
dans le conduit
sans feu
où ruisselle
un vent glacé
où se déverse
un glas grave et lugubre
qui éventre les murs

pierre roc
pierre socle
âme en fragments
milliers de fragments
resserrés
pour soutenir
l'âtre

pourquoi faudrait-il
encore
fouler les marches vers
l'âtre vide
froid
inerte
l'âtre mort
qui a blanchi nos coeurs
de ses cendres dispersées

j'essaie aussi
de reconstruire
les murs
érigés dans le vide
je t'aime
aussi longtemps que
la pierre

des lieux
comme des gens
des gens
comme des lieux
des espaces, des étendues,
plis ou recoins

laisser partir
la porte
derrière soi
laisser fleurir
les lauriers
quand même
dedans soi
même si
au dehors
ils sommeillent encore,
ivres
dans
leurs racines

Et maintenant
libre devant moi
et maintenant
libre
je pars
tu es dans mon dos
tu me regardes
m'éloigner
partir
te quitter
tu vois
chaque pas
qui nous éloigne
et pourtant
tu ne bouges pas
même si ton ventre
se serre
et le mien
on se dit
"aurevoir"
rendons nous
à nous même
essayons
ailleurs
avec d autres,
allons.

Il suffit juste de
juste là, déposer
l'humus
l'écorce
bercés
dans un seul souffle
une seule main
l'odeur de la terre
âcre, humide,
la terre des chênes
-déposer-
c'est terminé.

III.

Un lendemain en habits de lumière

s'élancer

sur l'encre noire qui

raconte

dépli la vie

et remplir l'espace

avec

les mots de

nos existences

percutées

comme la page blanche.

franchir

souple enfin

la distance

jusqu'à

la porte

qui ouvre vers

le large

Avancer

-grandes enjambées

remplies d'air-

ouvre

corps coeur ventre

ouvre

verser
l'eau
elle quitte
le broc
et ruisselle
libre

mourir
et puis un jour
voir apparaître
voir
apparaître
en habits de lumière
un lendemain
sans mort
un lendemain de sève

vois mon ami

nos errances

nos virages

vois ce qui lie aujourd'hui

nos vies

les chemins escarpés

ceux de l'autre côté :

ceux qui nous ont protégés

de la dérive

quand nous croyions suivre

les mauvais sentiers

jaillir

source

naissance

jaillir enfin

du dedans

des ombres

de l'aride

soudain

lumière brusque

vent

etendue

voilà

être

les premiers chants
des oiseaux le matin
s'écoulent sur ma peau

et les derniers chants
des oiseaux du soir
pas plus

pas moins

Ivresse
de l'endroit vrai
ivresse
comme un vertige
de tomber
au fond de soi
tellement on se tient droit
et puis finalement
des prairies
rouge
et jaunes
qui vibrent
c'est notre souffle
qui les soulève

désunir les noeuds
parcourir le fleuve
fluide
à flanc de falaises
il était juste là
il suffisait de se laisser glisser
tomber tout en bas

défaire les fils
ne plus remonter le courant
ouvrir les mains
le coeur
et plonger dans l'eau douce fluide suave et soie
en un infini bercement

IV.

et maintenant me voilà remplie d'espace

pourquoi veux tu
embrasser mes cendres
quand je peux te donner
le feu dont elles sont nées ?

tu me dis
de me livrer
entière
tu me dis
viens
délivre toi
mes bras t'enserrent

tu es là
silencieux
comme une pierre
ancré,
comme une pierre
ta présence sûre,
à toi-même
et donc
à moi

ta vie ta mort

en un même lieu

le notre

où se rejoignent aussi

ma vie ma mort

la vie la mort

un noeud doux

-l'univers-

qui coule

sur nos existences

-nous sommes.

tes yeux comme
tes paumes :
des chemins

et nous
des bribes du Tout
et le Tout,
nous : entiers

tu regardes nos routes

et tu dis

vois

nos errances et nos puits sans fonds

nous ont conduits ici

où tout respire

où tout s'étire

se dilate

jusqu'à la fin

de l'expiration

on connaît
le silence
mais le nôtre
n'existe pas,
un coeur qui bat
chante jusqu'à la mort.

le monde qui renaît
chaque matin
au jour de ton être

un morceau de temps
 qui s'écope à la main
nous rebâtirons
d'arbres bleus

je te dois
combien de poèmes ?
endettée pour l'éternité
de tous ces mots sourds
ces mots noués
que tu délies
avec tes yeux avec ton ventre
et quand je couche
tes yeux ton ventre
sur le papier
tout se délace
circule dedans dehors
et part
et maintenant,
me voilà
remplie d'espace